VENTE

DE

DESSINS & TABLEAUX

PAR

Eug. ISABEY

IMPRIMERIE MAULDE ET RENOU

A. MAULDE ET Cie

IMPRIMEURS DE LA COMPAGNIE DES COMMISSAIRES-PRISEURS

Rue de Rivoli, 144

VENTE

DE

DESSINS

PAR

Eug. ISABEY

Tableaux, Gravures, Lithographies, Photographies

USTENSILES D'ATELIER

Dépendant de sa Succession

DONT LA VENTE AURA LIEU

HOTEL DROUOT, SALLE N° 2

Les Mardi 15 et Mercredi 16 Mai 1888

A DEUX HEURES

Me Léon TUAL	M. P. DETRIMONT
COMMISSAIRE-PRISEUR	EXPERT
Rue de la Victoire, n° 56	Rue Laffitte, n° 27

EXPOSITION PUBLIQUE

Le Lundi 14 Mai 1888, di 1 heure 1/2 à 5 heures 1/2.

———

PARIS — 1888

CONDITIONS DE LA VENTE

—

Elle sera faite au comptant.

Les Acquéreurs paieront CINQ POUR CENT en sus du prix d'adjudication.

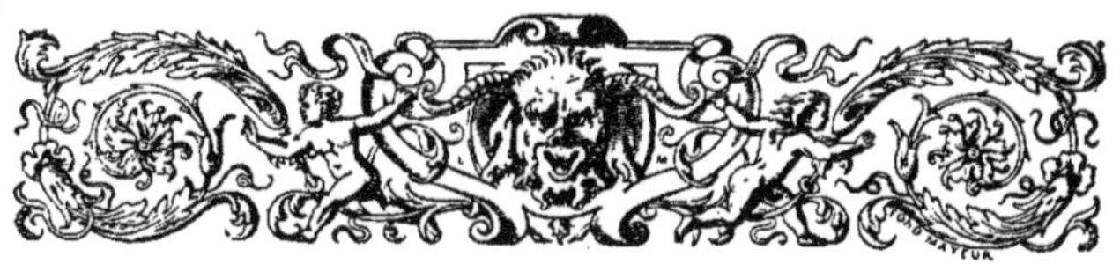

DÉSIGNATION

DESSINS

1 — Souvenir de Saint-Malo.

2 — Saint-Maclou à Rouen.

3 — Place du Marché à Vitré.

4 — Etude de bateaux.

5 — Navires de guerre. Prise d'Alger.

6 — Yport.

7 — Naufrage (Croquis).

8 — Visite chez l'armurier (Aquarelle.

9 — Vieille maison à Rouen.

10 — Bateaux à Dieppe.

11 — Maison à Lannion.

12 — Une Cour à Vitré.

52 — Étude de navires.

53 — Environs de Dieppe.

54 — Bateaux pris sur la Meuse.

55 — Étretat.

56 — Étretat.

57 — Croquis pris à Francfort-sur-le-Mein.

58 — Croquis pris à Étretat.

59 — Bateaux pris sur l'Escault.

60 — La Touques près Trouville.

61 — Bateaux à Scheveningen.

62 — Saint-Malo et Saint-Servan.

63 — Les Remparts de Saint-Malo.

64 — Falaises et Bateaux de pêche, à Yport.

65 — Croquis de la Cathédrale de Francfort.

66 — Dieppe.

67 — Le petit Baie à Saint-Malo.

68 — Saint-Malo.

69 — Paimpol et Vitré.

70 — Anvers.

71 — Étretat.

72 — Strasbourg et Gand.

73 — Navires de guerre, campagne d'Afrique (1830).

74 –- Anvers.

75 — Navires de guerre, campagne d'Algérie (1830).

76 — Le Poudreuil, près Honfleur.

77 — Croquis de tableau.

78 — Dordrecht.

79 — Ile de Wight.

80 — Étretat.

81 –- Saint-Malo et Paramé.

82 — Étude de Femmes.

83 — L'Alchimiste (Croquis de tableau).

84 — La Rentrée au port (Étude de tableau).

85 — Croquis.

86 — Honfleur.

87 — Croquis.

88 –- Étude d'armature de navire de guerre.

89 — Saint-Malo.

90 — Rouen.

91 — Intérieur de cour à Anvers.

92 — Etude de cordages.

93 — Cour normande.

94 — Maison à Bayeux.

95 — Manoir de Kewersee.

96 — Douarnenez.

97 — Près Arras.

98 — Étude de mer.

99 — Village breton.

100 — Hune de navire.

101 — Croquis.

102 — Souvenir de Hollande.

103 — Vue de Cancale.

104 — Projet de Tableau (Sanguine).

105 — L'Eglise Saint-Sauveur à Dinan.

106 — Une Rue à Honfleur.

107 — Une Rue à Rouen.

108 — Paysage.

109 — Bretonnes à l'Eglise.

110 — Labouille, près Rouen.

111 — Etude de Bateaux près Rouen.

112 — Dinan.

113 — L'Eglise de Varangeville.

114 — Au Havre.

115 — Postrein, près Brest.

116 — Croquis à Honfleur.

117 — Alger.

118 — Honfleur.

119 — Ile de Wight.

120 — Croquis de Bateaux sur la Meuse.

121 — Bateaux de pêche.

122 — Etude de Femme.

123 — Port-en-Bassin et Saint-Malo.

124 — Vitré.

125 — Intérieur de Cathédrales à Gand et à Bruges.

126 — Honfleur.

127 — Etude de Bateau à Scheveningen.

128 — Dieppe.

129 — Douarnenez

130 — Etude.

131 — Souvenir d'Anvers et de Cologne.

152 — La Plage à Newhaven.

153 — Etretat.

154 — En Bretagne.

155 — Maisons à Dieppe.

156 — Saint-Malo (Croquis).

157 — Etude de navires.

158 — Le Pont de Blois.

159 — Projet de tableau.

160 — Bateaux à Trouville.

161 — En Bretagne.

162 — Projet de tableau.

163 — Saint-Malo, marée basse.

164 — Rues à Vitré et à Morlaix.

165 — L'Eglise de Cayeux.

166 — Maison normande.

167 — Poudreuil, près Honfleur.

168 — Au Havre (Croquis).

169 — Saint-Adresse.

170 — Maison à Anvers.

171 — Saint-Malo.

172 — Rennes et Tréguier.

173 — Tête d'étude.

174 — Intérieur d'église.

175 — Projet de tableau

176 — Trouville en 1833.

177 — Etude de figures

178 — Ile de Wight.

179 — Ile de Bréat.

180 — Saint-Antoine, à Rouen.

181 — Bateaux à Saint-Valéry et au Tréport.

182 — Etude de figures.

183 — Les Remparts à Saint-Malo.

184 — Souvenir d'Anvers.

185 — Newhaven.

186 — Landivisiau et Lannion (Bretagne).

187 — Croquis.

188 — Blois.

189 — Amsterdam.

190 — Feuille de croquis.

191 — Dieppe.

232 — Le Tréport.

233 — Au Tréport.

234 — Croquis.

235 — Dieppe.

236 — Etude de pêcheur.

237 — Croquis.

238 — Francfort.

239 — Saint-Malo.

240 — Croquis.

241 — Intérieur de la Cathédrale de Cologne.

242 — Honfleur.

243 — Une Rue à Alger.

244 — Paysage.

245 — Saint-Malo.

246 — Porte de Babalory, à Alger.

247 — Intérieur Algérien.

248 — Côtes d'Algérie.

249 — Tour Tachik, à Alger.

250 — Etude.

251 — Etude de Canon.

252 — Saint-Valéry-sur-Somme.

253 — Anvers.

254 — Villerville.

255 — Saint-Malo.

256 — Carisbrooke.

257 — Près Honfleur.

258 — Etude.

259 — Etude à la Sanguine.

260 — Bateaux à Rotterdam.

261 — Saint-Malo.

262 — Anvers.

263 — Etude.

264 — Douarnenez.

265 — Etude de Bateaux à Scheveningen.

266 — Anvers.

267 — Intérieur d'Eglise à Champeaux.

268 — Saint-Malo.

269 — Croquis à la plume.

270 — Saint-Suliac.

271 — Saint-Servan.

272 — Daish Hôtel, Ile de Wight.

273 — Saint-Servan, la Tour Solidor.

274 — Douarnenez.

275 — Saint-Enogat.

276 — Les Bains de Villerville.

277 — Panorama général de la défense d'Alger (Campagne d'Algérie).

278 — 12 Dessins et Croquis. Ce lot sera divisé.

279 — 48 Dessins et Croquis. Ce lot sera divisé.

280 — 55 Dessins et Croquis. Ce lot sera divisé.

281 — 36 Dessins et Croquis. Ce lot sera divisé.

282 — 117 Dessins et Croquis. Ce lot sera divisé.

283 — 96 Croquis et Dessins. Ce lot sera divisé.

284 — 96 Croquis divers et Dessins. Ce lot sera divisé.

285 — 115 Dessins et Croquis divers. Ce lot sera divisé.

TABLEAUX ET ÉTUDES

286 — Marine.

H. 0m30 L. 0m44.

287 — Tête de jeune femme blonde.

H. 0m50 L. 0m32.

288 — Tête de jeune fille vue de profil.

H. 0m60 L. 0m50.

289 — Portrait de femme vue de face.

H. 0m55 L. 0m45.

290 — Portrait de femme des fleurs dans les cheveux (Ovale).

H. 0m75 L. 0m56.

291 — Jeune Fille accoudée.

H. 1m02 L. 0m70.

292 — Jeune Femme, portrait à mi-jambes.

H. 1m00 L. 0m69.

293 — Bateaux venant se briser contre une jetée.

H. 0m92 L. 1m30.

294 — Portrait d'Homme.

H. 0^m22 L. 0^m16.

295 — Un Coin de Ferme.

H. 0^m52 L. 0^m42.

296 — Jeune Femme en toilette noire.

H. 0^m45 L. 0^m36.

297 — Entrée de Village.

H. 0^m25 L. 0^m42.

298 — Etude de Falaises à marée basse.

H. 0^m27 .. 0^m40.

299 — Un Naufrage en pleine mer.

H. 1^m05 L. 1^m76.

300 — Carton contenant des Gravures et des Lithographies. Ce lot sera divisé.

301 — Un Volume de Lithographies, par Harding, d'après des tableaux de Bonington.

302 — Recueil d'Eaux-fortes, par Nicolas Berchems.

303 — Cahier d'Eaux-fortes, représentant des navires et des barques de pêche.

304 — Cahier de Gravures, par Groenewege, Bateaux
    Hollandais.

305 — Carton renfermant des Photographies. Ce lot sera
    divisé.

306 — 7 Chevalets d'artiste. Ce lot sera divisé.

307 — 2 Mannequins.

308 — Objets divers et non catalogués.

A. MAULDE et Cie, imprimeurs de la Compagnie des Commissaires-Priseurs,
rue de Rivoli, 144.   400—87331